MIX
Papier aus verantwortungsvollen Quellen
FSC® C013123
FSC
www.fsc.org

5 4 3 2 1 20 19 18 17 16
978-3-88117-968-3

Cover und Layout: Nieschlag + Wentrup, Münster
Text und Rezepte: Agnes Prus
Illustrationen: Kristina Ballerstaedt, Nieschlag + Wentrup
Redaktion: Lisa Frischemeier
Satz: Tina Agard Grafik & Buchdesign, Stuttgart

www.hoelker-verlag.de

CHILI

Inhalt

Echt scharf!

Christoph Kolumbus brachte die Chilipflanze Ende des 15. Jahrhunderts von seiner ersten Reise mit, die ihn nach Mittel- und Südamerika geführt hatte. Er stellte das Gewürz dem spanischen Königshof vor und behauptete, es sei besser als Pfeffer und fördere die Gesundheit. Chili wurde als neuer Star gehandelt, man versprach sich lukrative Geschäfte. Die Träume von großen Gewinnen erfüllten sich jedoch aus zweierlei Gründen nicht: Die Chilipflanze erwies sich als ziemlich unkompliziert im Anbau, als dass sie als kostbare Rarität hätte gehandelt werden können. Ganz unprätentiös wächst sie auch in einem Blumentopf heran. Und dem Adel war sie schlichtweg zu scharf. Dennoch war Chili bereits 60 Jahre später in ganz Spanien verbreitet, schnell wurde sie zu einer Zutat, die den Gerichten der ärmeren Bevölkerung zu Würze verhalf.

Heute wird Chili hauptsächlich aus ihrem Herkunftsland Mexiko sowie aus Indien, China, Japan und Thailand importiert. Chilipflanzen lassen sich leicht kreuzen, und ihr Anbau ist wie gesagt nicht besonders kompliziert – das führt zu einer nahezu unerschöpflichen Sortenvielfalt. Die Schoten unterscheiden sich in Größe, Farbe und Form, manche sind dickfleischig, andere dünnwandig, vor allem aber sind sie unterschiedlich scharf. Bei der Auswahl der Früchte lohnt es sich, einige Namen zu kennen, denn über die Schärfe hinaus überraschen Chilis mit interessanten Aromen. Für einen besseren Durchblick im Chili-Dschungel finden Sie rechts eine Auswahl gängiger Spezialitäten, die entweder im Handel (gut sortierter Supermarkt oder asiatischer, türkischer, orientalischer, südamerikanischer Lebensmittelmarkt), auf dem Wochenmarkt oder im Internet erhältlich sind.

Eine kleine Chili-Auswahl:

Aji Amarillo ist nicht besonders scharf und wird vor allem in der peruanischen Küche, insbesondere für das Fischgericht Ceviche, verwendet.

Ancho bezeichnet eine getrocknete Chilischote der Sorte Poblano, sie schmeckt nach Tabak und Backpflaume.

Cayenne ist eine dünnfleischige, länglich-spitze Chilisorte mit einem herb-rauchigen Geschmack. Sie eignet sich gut für Würzsoßen und Suppen.

Chipotle ist eine geräucherte Jalapeño. Sie gibt es als Schoten, gemahlen, als Paste bzw. in der bekannten Adobo-Soße eingelegt. Sie bringt ein herrlich rauchiges BBQ-Aroma in Eintöpfe.

Dutch Red wird selbst von weniger geübten Chiliessern vertragen. Die im gängige Supermarkt erhältliche Sorte sollte man vor der Verwendung trotzdem auf ihre Schärfe testen, da diese ziemlich unterschiedlich ausfallen kann.

Habanero ist eine sehr, SEHR scharfe Sorte: bis zu 50-mal schärfer als Jalapeño. Fürchtet man ihr Feuer nicht, verwendet man sie am besten im Ganzen und entfernt sie nach dem Kochen.

Jalapeño ist der Liebling der Amerikaner. Die unreifen Früchte sind grün, reife rot. Sie sind saftig, mittelscharf und haben einen frischen, grasigen Geschmack. Man kann sie füllen, rösten, frittieren oder zu warmen und kalten Soßen verarbeiten. Sie sind recht dickfleischig und lassen sich deswegen schlecht trocknen. Um sie zu konservieren, können sie in Essig eingelegt oder geräuchert werden (s. Chipotle).

Peperoni sind relativ mild, und es gibt sie in vielen unterschiedlichen Farben. Unreife Früchte sind meist grün, reife rot, gelb oder orange.

Piment d'Espelette ist ein süßlich-fruchtiges Chilipulver mit rauchiger Note, es kommt aus dem baskischen Espelette und erfreut sich bei Sterneköchen großer Beliebtheit.

Poblano

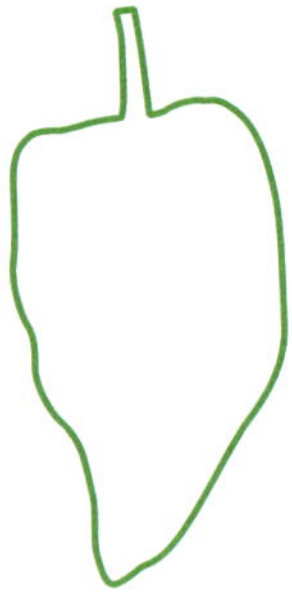

Ancho

Pimientos
de Padrón

Jalapeño

Pimientos de Padrón ist eine in Spanien beheimatete Chilisorte. Sie trägt Früchte von extrem unterschiedlichem Capsaicingehalt. Traditionell werden sie frittiert als Tapas gereicht.

Piri-Piri ist das portugiesische Wort für Chili und zugleich die Bezeichnung für eine kleine rote Sorte, die häufig eingelegt angeboten wird.

Poblano gehört zu den beliebtesten Sorten Mexikos und ist eine der Hauptzutaten für die mexikanische Nationalsoße Mole. Man kann die beinahe paprikagroßen Schoten füllen, in Schmorgerichten mitkochen oder in Suppen verwenden. Sie erinnert geschmacklich an Schokolade.

Scotch Bonnet ist die karibische Schwester der Habanero-Chili. Sie hat einen fruchtigen, aprikosenähnlichen Geschmack – wenn er sich gegenüber der Schärfe behaupten kann ...

Serrano ist eine kleine, eher längliche scharfe Sorte, die frisch in Soßen oder Reis verwendet wird.

Sivri Biber ist keine reine Sortenbezeichnung, sondern türkisch für „scharfe Pfefferschoten". Gemeint sind hellgrüne, vergleichsweise milde Chilis.

Tabasco wird die Chilisorte genannt, aus der auch die gleichnamige Soße hergestellt wird.

Cayenne

Habanero

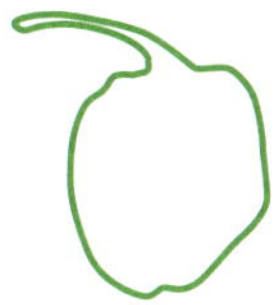
Scotch Bonnet

Thai-Chili

Thai-Chili ist eine Herkunfts- und keine Sortenbezeichnung der kleinen roten oder grünen Schoten aus Asien, wobei die roten Früchte als etwas milder gelten. In Europa wird meistens die Sorte Prik Ki Nu gehandelt.

Vogelaugenchilis sind kleine scharfe Schoten, die gerne in der Thai- und Chinaküche verwendet werden.

Capsaicin oder: schön, wenn der Schmerz nachlässt!

Grund für die Schärfe der Chilifrüchte ist Capsaicin, ein Stoff den die Pflanze als Schutz vor Fraßfeinden entwickelt. Wie hoch der Capsaicingehalt einer Schote ist, hängt nicht nur von der Sorte ab, sondern auch von Klima, Bodenbeschaffenheit, Bewässerung und Düngung. Zwei australische Züchter haben entsprechende Erkenntnisse genutzt, um die ohnehin schon unglaublich scharfe *Trinidad Scorpion Butch T* zur Höchstform auflaufen zu lassen: Sie düngten die Pflanze mit Regenwurmkot. Den Weltrekord in Sachen Schärfe hält jedoch die Sorte *Ed's Carolina Reaper* – die *Trinidad Scorpion Butch T* schaffte es immerhin auf Platz 2.

Die Schärfe, die wir beim Verzehr auf der Zunge spüren, ist keine Geschmacksrichtung wie Süß, Sauer, Salzig, Bitter oder Umami. Auf Capsaicin sprechen andere Rezeptoren an, nämlich diejenigen, die für Hitzeschmerz zuständig sind. Daher spürt man die Auswirkungen des Capsaicins auch an anderen Körperstellen als im Mund, wo sie allerdings gebündelt auftreten. Der Körper produziert als Reaktion auf die Wahrnehmung von Schärfe das natürliche Schmerzmittel Endorphin. Da Endorphine gleichzeitig ein Wohlgefühl auslösen können, spricht man bei der Euphorie, die nach dem Genuss von schmerzhaft scharfen Chilis eintreten kann, von *Pepper High*.

Das Spiel mit dem Feuer

Wenn Sie beim Einkauf den Schärfegrad einer Chilischote einschätzen möchten, sollten Sie sich nicht von der Farbe täuschen lassen. Denn unschuldig und kühl aussehende grüne Schoten können mitunter feuriger sein als ihre roten Kollegen. Ganz grob kann man sich bei den gängigen Sorten nach der Faustregel „je kleiner, desto schärfer" richten. Die Sortenbezeichnungen geben guten Aufschluss über Geschmack und Feuer, und unter dem Strich geht beim Chiligenuss einfach vorsichtiges Probieren über Studieren. Chilis aus den obersten Bereichen der Schärfeskalen, für die man beinahe einen Waffenschein braucht, sind ohnehin nicht im Supermarkt um die Ecke erhältlich.
Hier ein paar Tipps für das Spiel mit dem Feuer:

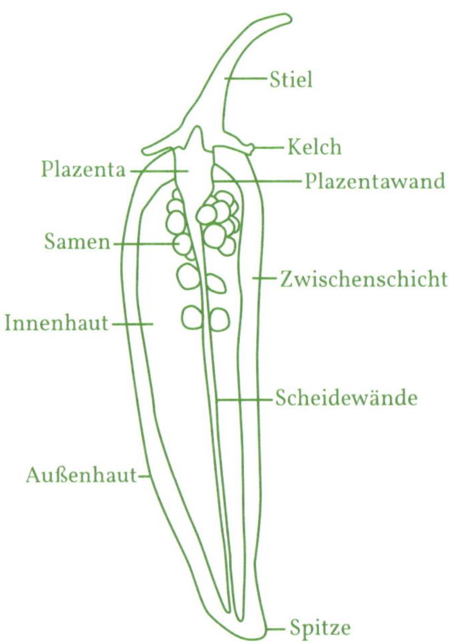

1. **Vorbereitung:** Chili will probiert werden, denn selbst Schoten, die am gleichen Strauch wachsen, können unterschiedlich scharf sein. Man kann an der Spitze beginnen, wo sie am mildesten ist. Um ihr Feuer aber wirklich bemessen zu können, sollte man sie auch am Stielende testen. Die schärfsten Stellen der Schote sind übrigens die Plazenta, der weiche weiße Teil innerhalb der Chili, und die weißen Innenwände, an denen die Kerne haften. Zur Milderung der Schärfe entfernt man diese Teile gründlich mit einem Messer.
2. **Vorsichtsmaßnahme:** Einweghandschuhe sind bei der Verarbeitung von richtig scharfen Chilischoten absolut empfehlenswert und kein Kinderkram. Sollte die Haut trotzdem mal

schmerzen und das Waschen mit warmem Wasser und Seife nicht genügend Linderung verschaffen, hilft es, die Haut mit Öl einzureiben und es mit Küchenpapier abzuwischen. Öl bindet Capsaicin und kann das Brennen lindern.

3. **Zubereitung:** Am besten tastet man sich beim Würzen langsam an den gewünschten Schärfegrad heran und dosiert erst mal vorsichtig. In manchen Gegenden werden sehr scharfe Chilis sogar nur einmal durch das Essen gezogen ... Bei Chili gilt: Nachfeuern ist immer möglich, die Schärfe zu reduzieren hingegen schwierig.
4. **Schärfe mildern:** Das Chili con Carne ist zu scharf geworden? Keine Panik! In manche Gerichte kann man während des Garens einige Kartoffelschnitze geben. Sie ziehen etwas Würze aus dem Essen und können vor dem Servieren entfernt werden. Eintöpfe oder Soßen können kurz stehen gelassen werden, bis sich das Fett mit dem darin gebundenen Capsaicin an der Oberfläche sammelt und sich abschöpfen lässt. Milchprodukte und Kokosmilch mildern ebenfalls die Schärfe. Außerdem können stärkehaltige Lebensmittel wie Brot oder Reis zum Essen gereicht werden.
5. **Das Feuer löschen:** Bei höllischem Brand im Mund sollte nicht mit Wasser oder Alkohol nachgespült werden! In vielen Fällen wird dadurch das Brennen noch verstärkt, denn Capsaicin ist nicht wasser-, sondern fettlöslich und wird mit dem Getränk eher noch im Mund verteilt. Hilfreicher kann auch hier ein wenig Öl sein, das man im Mundraum hin- und herschiebt und anschließend ausspuckt. Bewährt hat sich außerdem Milch, da die darin enthaltenen Lipoproteine chemische Bindungsstellen für Capsaicin haben. Am besten probiert man es gleich mit einer Kombination, also einem fettreichen Milchprodukt, z. B. Eiscreme oder fettem Joghurt. Cremige Kokosmilch funktioniert auf ähnliche Weise.

Innere Werte

Chilis sind cholesterinfrei, kalorienarm und stärken das Immunsystem auf vielerlei Weise: Sie enthalten die Vitamine B1, B6, E und P, Betacarotin (in den roten Früchten) sowie Folsäure und Kalium, doch vor allem doppelt soviel Vitamin C wie Zitrusfrüchte! Außerdem bringt das in ihnen enthaltene Capsaicin den Kreislauf in Schwung. Das sorgt nicht nur für warme Füße, sondern hält auch noch schlank: Eine Mahlzeit mit Chilis lässt den Körper durch den thermischen Effekt etwa 45 kcal mehr verbrennen als ohne die scharfe Zutat.

Heiße Chili-Küche

Der kulinarische Einsatz von Chili hat mehrere Vorteile, einer jedoch sticht dabei hervor: Durch ihre Schärfe wird die Zunge stärker durchblutet – die Geschmacksrezeptoren werden wachgerüttelt, und man schmeckt die Aromen intensiver! Vorausgesetzt natürlich, dass man es nicht übertrieben hat und die Schärfe alles andere übertönt.

Chili harmoniert mit nahezu allen Geschmacksrichtungen und ist äußerst vielseitig einsetzbar. Die fruchtige Tomate ist ein klassischer Partner, genauso wie Rindfleisch und Bohnen. Zitronige Begleiter mag sie gern, darunter Ingwer, Koriander und Limette, eine der beliebtesten Geschmacksverbindungen in vielen asiatischen Gerichten. Einige Chilisorten harmonieren ebenso gut mit süßlichen Zutaten wie Kokosmilch, andere passen wunderbar zu Schokolade.

Einkauf und Aufbewahrung

Chilischoten sollten beim Einkauf eine pralle Haut haben. In einer verschlossenen Dose im Gemüsefach des Kühlschranks halten sie sich ca. 1 Woche. Außerdem lassen sie sich bis zu 1 Jahr einfrieren.

Zum Trocknen eignen sich dünnwandige Chilischoten (z. B. Dutch Red, Cayenne, Piri-Piri, Tabasco oder Thai). Dafür fädelt man dickes Nähgarn durch die Stiele und hängt sie an einem warmen, trockenen und luftigen Ort auf, am besten draußen oder auf dem Dachboden bei geöffnetem Fenster. Nach 4–6 Wochen sollten sie durchgetrocknet sein.

Dickwandige Sorten (z. B. Habanero, Jalapeño, Poblano oder Serrano) lassen sich nicht gut trocknen, man kann sie aber durch Dörren haltbar machen. Je nach Gerät und Chilisorte dauert dieser Vorgang 8 Std. oder länger. Währenddessen sollte man auf gute Belüftung achten, denn Chilidämpfe können durchaus aggressiv sein.

Wenn lediglich von roten oder grünen Chilischoten gesprochen wird, sind normale Supermarktchilis gemeint. Werden im Rezept Chilis als entkernt angegeben, sind neben Samen auch Stiel, Plazenta und weiße Innenwände zu entfernen.

Rezepte

Pimientos de Padrón

FÜR 4 PORTIONEN

ca. 4 EL Olivenöl
400 g Pimientos de Padrón (kleine grüne spanische Chilis)
1–2 EL spanisches Flor de Sal (ersatzweise anderes grobes Meersalz)

Das Öl in einer großen Pfanne erhitzen und die Pimientos im Ganzen inkl. Stielansatz bei mittlerer Hitze anbraten. Dabei immer wieder wenden, bis sie Farbe annehmen und die Haut Blasen wirft. Großzügig mit Meersalz bestreuen und so heiß wie möglich servieren.

TIPP

Die Pimientos passen als klassische Tapas auch gut zu anderen Kleinigkeiten, z. B. zu eingelegten Oliven. Es bietet sich an, dazu reichlich frisches Brot zu servieren; zum einen, um das leckere Öl aufzunehmen, zum anderen, weil jede zehnte der meist recht milden Chilis superscharf sein kann …

Gurkensalat

mit Chili und Erdnüssen

FÜR 4 PORTIONEN

Für den Salat

1 EL Kokosöl

4 Knoblauchzehen, in feinen Scheiben

1 rote Zwiebel, in dünnen Ringen

2 Salatgurken, geschält, entkernt und in Scheiben

1 rote Chilischote, entkernt und in feinen Ringen

150 g ungesalzene geröstete Erdnüsse

½ Bd. Koriander, Blättchen abgezupft

Für das Dressing

3 EL Reisessig

1 EL Akazienhonig

1 EL süßsaure Chilisoße

2 EL Sonnenblumenöl

1 EL Sesamöl

Salz

Für den Salat das Kokosöl in einer kleinen Pfanne zerlassen und den Knoblauch darin goldbraun und knusprig rösten. Herausnehmen und auf Küchenpapier abtropfen lassen.

Für das Dressing Essig, Honig, Chilisoße, Sonnenblumen- und Sesamöl verquirlen, mit Salz würzen. Die Zwiebelringe darin 1 Std. marinieren. Die Gurken in einer Schüssel mit dem Dressing, Chili, Erdnüssen, Koriander und Knoblauch vermengen. Mit Salz abschmecken und sofort servieren.

Honig-Auberginen
mit Chili und Kräutern

FÜR 4 PORTIONEN

750 g Auberginen, in 1 cm dicken Scheiben
ca. 4 EL Olivenöl
Salz
frisch gemahlener schwarzer Pfeffer
2 rote Chilischoten, entkernt und fein gehackt
je 5 Stängel glatte Petersilie, Minze und Basilikum, fein gehackt
Abrieb und Saft von ½ Bio-Zitrone
2 EL flüssiger Honig

Den Backofengrill vorheizen. Eine hitzebeständige Form auf den Boden des Backofens stellen und mit heißem Wasser füllen. Die Auberginen auf ein mit Backpapier ausgelegtes Blech geben. Von beiden Seiten mit Olivenöl bestreichen, salzen und pfeffern. In ca. 20 Min. von beiden Seiten goldbraun rösten, zwischendurch einmal wenden.

Die Auberginen auf eine Platte legen, mit Chili, Kräutern und Zitronenabrieb bestreuen und mit Zitronensaft und Honig beträufeln. 30 Min. durchziehen lassen. Mit Salz abschmecken.

TIPP

Dazu schmecken Hummus, griechischer Joghurt und geröstetes Brot.

Patatas bravas

FÜR CA. 4 PORTIONEN

400 g neue festkochende Kartoffeln, in 2 cm großen Würfeln
Salz
3 EL Olivenöl
2 Knoblauchzehen, gepresst
1 rote Chilischote (z.B. Vogelaugenchili), entkernt und fein gehackt
3 Tomaten, gehäutet und grob gehackt
½ TL Pimentón de la Vera Dulce
1 TL getrockneter Majoran
frisch gemahlener schwarzer Pfeffer

Die Kartoffeln in kochendem Salzwasser bissfest garen. Abgießen und mit Küchenpapier trocken tupfen. 1 EL Öl in einer kleinen Pfanne erhitzen, Knoblauch und Chili darin bei mittlerer Hitze kurz andünsten. Die Tomaten, das Paprikapulver und den Majoran zugeben und in ca. 10 Min. garen. Mit Salz und Pfeffer würzen. Vom Herd nehmen und warm halten.

Das restliche Öl in einer großen Pfanne erhitzen und die Kartoffeln darin rundherum goldbraun anbraten. Mit Salz und Pfeffer abschmecken. Die Kartoffeln in der Tomatensoße wenden und in einer flachen Schale anrichten.

TIPP

Patatas bravas gesellen sich gern zu anderen Tapas und spanischem Wein oder einem kalten Bier.

Fruchtiger Quinoasalat
mit Jalapeños

FÜR 2 PORTIONEN

Für den Salat
2 Jalapeño-Chilischoten
200 g Quinoa
Salz
1 Papaya, geschält, entkernt und fein gewürfelt
30 g Cranberrys
1 EL frisch gepresster Limettensaft
40 g Kürbiskerne, geröstet
30 g Cashewkerne, geröstet
1 rote Paprikaschote, entkernt und fein gewürfelt
2 Frühlingszwiebeln, in feinen Ringen
5 Stängel Minze, Blättchen fein gehackt

Für das Dressing
1½ EL Reisessig
1 TL Akazienhonig
1 EL frisch gepresster Limettensaft
½ TL gemahlener Kreuzkümmel
frisch gemahlener schwarzer Pfeffer

Für den Salat den Backofen auf 180 °C vorheizen. Die Chilischoten auf einem Backblech verteilen und 30 Min. rösten. Abkühlen lassen. Stiele, Scheidewände und Samen entfernen und die Schoten fein würfeln.

Quinoa unter fließendem Wasser waschen. In einen Topf geben und ca. 2 cm hoch mit Wasser bedecken, salzen und in ca. 15 Min. bissfest garen. Danach überschüssiges Wasser abgießen und die Quinoa abkühlen lassen.

Die Papaya mit den Cranberrys in eine Schüssel geben, mit Limettensaft mischen und kurz ziehen lassen. Für das Dressing alle Zutaten verquirlen.

Chilis, Quinoa, Kürbis- und Cashewkerne, Paprika, Frühlingszwiebeln und die Hälfte der Minze zur Papaya geben und alles vermengen. Das Dressing unterrühren und mit Salz und Pfeffer abschmecken. Mit der restlichen Minze bestreuen und servieren.

Asiatischer Lachs-Salat
mit Gurke

FÜR 4 PORTIONEN

Für den Salat
4 EL Fischsoße
2 TL extrafeiner Zucker
4 Lachsfilets ohne Haut à 180 g
2 EL Kokosöl
300 g Zuckerschoten
Salz
2 rosa Grapefruits
1 Salatgurke, halbiert, entkernt und in feinen Scheiben
½ Bd. Koriander, Blättchen abgezupft
4 Stängel Thai-Basilikum, Blättchen abgezupft
2 rote Chilischoten, entkernt und in feinen Streifen
1 Schalotte, in Ringen
1 EL schwarze Sesamsamen

Für das Dressing
4 EL Mirin
2 EL Sojasoße
100 ml frisch gepresster Limettensaft
1 TL Honig

Für das Dressing alle Zutaten in einer kleinen Pfanne bei mittlerer Hitze zum Kochen bringen, vom Herd nehmen und abkühlen lassen.

Für den Salat die Fischsoße mit dem Zucker verrühren und den Lachs darin wenden. Abdecken und 10 Min. kalt stellen. Anschließend das Öl in einer Pfanne zerlassen und den Lachs bei hoher Hitze rundherum 1 Min. scharf anbraten. Herausnehmen, abkühlen lassen und in mundgerechte Stücke zerteilen.

Die Zuckerschoten in kochendem Salzwasser 30 Sek. blanchieren, abgießen und unter kaltem Wasser abschrecken. Die Grapefruits mit einem scharfen Messer gründlich schälen, dabei auch die weiße Haut restlos entfernen. Die Früchte filetieren.

Zuckerschoten, Grapefruits, Gurke, Kräuter, Chilis und Schalotte in einer Schüssel behutsam vermengen. Den Salat auf Teller verteilen, den Lachs daraufgeben und mit Dressing beträufeln. Mit Sesam bestreut servieren.

Piri-Piri-Garnelen
mit Limettenbutter

FÜR 4 PORTIONEN

Für die Piri-Piri-Garnelen
6 EL mildes Öl
1–2 Vogelaugenchilis, entkernt und fein gehackt (alternativ 2 TL getrocknete Chiliflocken)
4 große Knoblauchzehen, zerdrückt
1 TL Meersalz
1,25 kg rohe Garnelen, geschält und von Köpfen und Darm befreit, mit Schwanzfächer
1 TL Butter für das Backblech

Für die Limettenbutter
50 g weiche Butter
Abrieb und 1 EL Saft von ½ Bio-Limette

In einer großen Schüssel Öl, Chilis, Knoblauch und Salz mischen. Die Garnelen zugeben und darin wenden. Abgedeckt für 3 Std. kalt stellen, gelegentlich umrühren.

Den Backofengrill vorheizen. Die Garnelen aus der Marinade heben, nebeneinander auf ein gebuttertes Backblech legen und mit dem Chili-Knoblauch-Öl beträufeln. 5 Min. grillen.

Für die Limettenbutter die Butter in einem kleinen Topf zerlassen, Limettenabrieb und Saft unterziehen und in eine Sauciere oder ein Kännchen füllen. Die heißen Garnelen mit der Limettenbutter beträufelt servieren.

Poblano relleno

Gefüllte Chilis mit Walnuss-Soße

FÜR 4–6 PORTIONEN

Für die Chilis
4–6 große Poblano-Chilischoten
1 EL Kokosöl + etwas für die Form
1 Zwiebel, fein gehackt
2 Knoblauchzehen, fein gehackt
2 Tomaten, enthäutet und fein gehackt
200 g weiße Bohnen (Dose), abgetropft
200 g Kichererbsen (Dose), abgetropft
2 EL Rosinen
40 g Walnusskerne, fein gehackt
½ Bd. Koriander, fein gehackt
½ TL Pimentón de la Vera
½ TL gemahlener Kreuzkümmel
1 Prise gemahlener Zimt
1 Prise gemahlene Nelken
Salz
frisch gemahlener schwarzer Pfeffer

Für die Soße
50 g Cheddar
100 g Crème fraîche
100 ml Milch
50 g Walnusskerne
Salz
frisch gemahlener schwarzer Pfeffer

Den Backofengrill vorheizen. Die Chilis mit einem Messer einstechen, auf ein Backblech legen und grillen, bis die Haut schwarz wird. In eine flache Schale geben, mit Frischhaltefolie abdecken und abkühlen lassen. Die Haut abziehen und das Fruchtfleisch an einer Seite längs einschneiden. Chilis, ohne den Stiel zu entfernen, vorsichtig von Samen und Scheidewänden befreien.

Das Öl in einer Pfanne erhitzen, Zwiebel und Knoblauch bei geringer Hitze 10 Min. dünsten. Tomaten einrühren und leicht einkochen lassen. Bohnen und Kichererbsen zufügen und einen Teil mit der Gabel zerdrücken. Alle übrigen Zutaten untermengen und kurz aufkochen lassen. Mit Salz und Pfeffer abschmecken. Die Chilis mit der Mischung füllen, in eine gefettete Auflaufform setzen und bei 200 °C 20 Min. im Ofen backen.

Für die Soße alle Zutaten in einem Mixer zu einer glatten Masse pürieren. Die Chilis auf Teller verteilen und mit der Soße umgießen.

Geröstete
Kürbis-Kartoffel-Suppe

FÜR 4–6 PORTIONEN

2 EL Kardamomkapseln, Samen ausgelöst
1 TL gemahlener Piment
1 TL Ahornsirup
4 EL Kokosöl (alternativ Olivenöl), zerlassen
Salz
800 g Butternusskürbis, entkernt und in Würfeln
2 getrocknete Chilischoten (z.B. Peperoncini)
2 Stangen Lauch, in Ringen
400 g mehligkochende Kartoffeln, in Würfeln
1 l Gemüsebrühe
Saft und Abrieb von 1 Bio-Limette
150 g griechischer Joghurt
30 g Tahini (Sesampaste)
½ Bd. Koriander, Blättchen abgezupft
1 grüne Chilischote, entkernt und in Ringen

Den Backofen auf 200 °C vorheizen.

Die Kardamomsamen in einem Mörser zerstoßen. Mit Piment, Ahornsirup, 2 EL Öl und 1 TL Salz mischen. Den Kürbis auf einem mit Backpapier ausgelegten Blech verteilen, mit dem Gewürzöl beträufeln und in ca. 15 Min. im Ofen weich garen.

In einem großen Topf das übrige Öl erhitzen und die getrockneten Chilis darin rösten. Den Lauch zugeben und unter Rühren bei mittlerer Hitze 5 Min. andünsten. Die Kartoffeln untermengen und kurz mitdünsten. Die Gemüsebrühe zugießen und alles 10 Min. köcheln lassen. Den Kürbis zufügen und die Suppe ca. 10 Min. weitergaren, bis die Kartoffeln weich sind. Die Chilischoten entfernen, die Suppe pürieren. Mit Salz und Limettensaft abschmecken, dabei 1 TL Saft zurückbehalten.

Den Joghurt mit Tahini, dem restlichen Limettensaft und Limettenabrieb verrühren. Die Suppe auf Schalen verteilen, mit der Joghurtsoße beträufeln und mit Koriander und Chili bestreut servieren.

Pasta alla Puttanesca

FÜR 4 PORTIONEN

400 g Penne oder Spaghetti
Salz
2 EL Olivenöl + etwas extra zum Beträufeln
1 rote Zwiebel, fein gewürfelt
2 Knoblauchzehen, in dünnen Scheiben
1–2 kleine rote Chilischoten (z. B. Peperoncini), entkernt und fein gehackt
6 Sardellenfilets, grob gehackt
50 g Kapern, grob gehackt
je 50 g grüne und schwarze Oliven, ohne Stein und in Scheiben
2 Stängel Oregano, Blättchen fein gehackt
400 g stückige Tomaten (Dose)
Abrieb von ½ Bio-Zitrone

Die Nudeln in reichlich kochendem Salzwasser bissfest garen. Das Öl in einer Pfanne erhitzen. Die Zwiebel, den Knoblauch und die Chilis darin bei mittlerer Hitze unter Rühren 4 Min. andünsten. Sardellenfilets zugeben und mitbraten, bis sie zerfallen. Kapern, Oliven, Oregano und die Tomaten einrühren und 5 Min. köcheln lassen. Mit Zitronenabrieb abschmecken.

Die Nudeln abgießen und mit der heißen Soße vermischen. Mit etwas Olivenöl beträufelt servieren.

TIPP

Die Soße kann durch 1–2 Dosen Thunfisch ergänzt werden. Er wird nach dem Abtropfen zusammen mit den Tomaten untergerührt. Traditionell wird kein Parmesan zu dieser Pastasoße gereicht, aber ein wenig zerrupfter Mozzarella ist eine prima Idee, wenn es jemand nicht ganz so scharf mag.

Persisches
Chili-Walnuss-Huhn

FÜR 4 PORTIONEN

½ TL Safranfäden
2 EL Olivenöl
4 Hähnchenbrustfilets à 150 g
Salz
frisch gemahlener schwarzer Pfeffer
2 Zwiebeln, fein gewürfelt
5 rote Chilischoten, entkernt und fein gehackt
2 Knoblauchzehen, fein gehackt
100 g Walnusskerne, gemahlen
200 ml Hühnerbrühe
2 EL Granatapfelsirup
2 EL Vollrohrzucker
5 Stängel glatte Petersilie, fein gehackt

Die Safranfäden im Mörser zermahlen und in 2 EL lauwarmem Wasser ziehen lassen. 1 EL Öl in einer großen Pfanne erhitzen und die Hähnchenbrustfilets darin goldgelb anbraten. Mit Salz und Pfeffer würzen und herausnehmen.

Das restliche Öl in die Pfanne geben und die Zwiebeln darin andünsten. Einen Großteil der Chilis und den Knoblauch zugeben, 1 Min. mitbraten, dann die Walnüsse zugeben und 2 Min. weiterbraten. Mit der Brühe ablöschen. Aufkochen lassen, dann Granatapfelsirup und Zucker sowie den Safran mitsamt Einweichwasser unterrühren, mit Salz und Pfeffer abschmecken.

Die Hähnchenfilets in die Soße legen und zugedeckt bei niedriger Temperatur in ca. 15 Min. garen. Nach der Hälfte der Zeit wenden. Mit Petersilie und den restlichen Chilis bestreut servieren.

TIPP

Dazu passt Basmatireis.

Chili-Paprika-Gulasch

FÜR 6 PORTIONEN

1 kg Schweineschulter am Stück, mit Fett
Salz
frisch gemahlener schwarzer Pfeffer
1 EL Olivenöl
2 rote Zwiebeln, in Streifen
3 Knoblauchzehen, fein gehackt
1 EL Kümmelsamen
2 rote Chilischoten, entkernt und fein gehackt
1 Bd. Majoran, Blättchen abgezupft
1 kg Rindfleisch zum Schmoren
1 TL Mehl
2 EL Paprikapulver, edelsüß oder geräuchert
5 Paprikaschoten, entkernt und in Streifen
250 g gegrillte, eingelegte Paprikaschoten, abgetropft und grob gehackt
400 g stückige Tomaten (Dose)
2 EL Rotweinessig
1 Bd. glatte Petersilie, fein gehackt
200 g Crème fraîche

Den Ofen auf 180 °C vorheizen. Das Schweinefleisch auf der Fettseite kreuzweise einschneiden, salzen und pfeffern. Das Öl in einem Schmortopf auf dem Herd erhitzen und das Fleisch mit der Fettseite nach unten hineingeben. Bei mittlerer Hitze ca. 15 Min. braten. Herausnehmen und beiseitelegen.

Zwiebeln und Knoblauch mit Kümmel, Chilis und Majoran im Schweinefett bei geringer Hitze 5–10 Min. andünsten. Das Rindfleisch von beiden Seiten mit Mehl bestäuben, zugeben. Mit Paprikapulver, Salz und Pfeffer würzen und kurz anbraten.

Dann frische und eingelegte Paprika, Tomaten und das Schweinefleisch zufügen. 3 cm hoch mit Wasser bedecken und den Essig zugießen. Aufkochen, Deckel auflegen und ca. 3 Std. im Ofen schmoren, bis das Fleisch sehr zart ist. In Stücke zerteilen und die Soße abschmecken. Mit Petersilie bestreuen und mit Crème fraîche servieren.

Chili con Carne

FÜR 6–8 PORTIONEN

3 getrocknete Chilischoten
2 EL Kokosöl (oder Olivenöl)
2 Schalotten, fein gewürfelt
3 Knoblauchzehen, fein gewürfelt
2 Möhren, fein gewürfelt
2 Stangen Staudensellerie, fein gewürfelt
Körner von 2 Maiskolben
2 rote Paprikaschoten, entkernt und grob gewürfelt
750 g Rinderhackfleisch
1 TL gemahlener Kreuzkümmel
2 TL Paprikapulver, geräuchert
1 TL gemahlener Zimt
1 EL Oregano
1 Lorbeerblatt
1 EL Chipotle-Soße
1 EL Kakaopulver
1 EL Vollrohrzucker
2 EL Tomatenmark
Salz
frisch gemahlener schwarzer Pfeffer
800 g stückige Tomaten (Dose)
400 g Kidneybohnen (Dose)
400 g Kichererbsen (Dose), abgetropft
750 ml Rinderbrühe
1 Bd. Koriander, Blättchen abgezupft
200 g Crème fraîche

Chilis 30 Min. in heißem Wasser einweichen, abgießen und fein hacken. Das Öl in einem großen Topf erhitzen. Schalotten, Knoblauch, Möhren, Sellerie, Mais und Paprika darin 5 Min. unter Rühren andünsten. Das Hackfleisch zugeben und kurz mitbraten. Gewürze, Kräuter, Chipotle-Soße, Kakao, Zucker, Tomatenmark und die gehackten Chilis unterrühren, mit Salz und Pfeffer abschmecken.

Tomaten, Kidneybohnen inkl. Flüssigkeit und Kichererbsen untermengen, Brühe zugießen. Das Chili aufkochen lassen und bei halb aufgelegtem Deckel und niedriger Temperatur ca. 1 Std. köcheln lassen. Alle 15 Min. umrühren, damit es nicht anbrennt. Mit Koriander und einem Klecks Crème fraîche servieren.

Jamaikanische
Jerk-Marinade

FÜR CA. 300 G

- 1 EL Pimentkörner
- 1 EL Koriandersamen
- 1 TL schwarze Pfefferkörner
- 3 Scotch-Bonnet-Chilischoten, entkernt und grob gehackt
- 4 Knoblauchzehen, grob gehackt
- 1 Stück Ingwer (5 cm), grob gehackt
- 1 Prise frisch geriebene Muskatnuss
- 5 Zweige Thymian, Blättchen fein gehackt
- ½ Zwiebel, grob gehackt
- 8 Frühlingszwiebeln, in Ringen
- 3 EL Zuckerrübensirup
- 2 TL Salz
- 80 ml frisch gepresster Limettensaft
- 4 cl brauner Rum
- 80 ml Sonnenblumenöl

Pimentkörner und Koriandersamen in einer Pfanne ohne Fett rösten, bis es aromatisch duftet. Zusammen mit den Pfefferkörnern in einen Mörser geben und fein zermahlen. Alle Zutaten im Mixer oder mit einem Pürierstab zu einer sämigen Paste verarbeiten. In ein sterilisiertes Schraubglas füllen und im Kühlschrank bis zu 1 Woche ziehen lassen.

TIPPS

Diese karibische Spezialität eignet sich sehr gut zum Marinieren von Geflügel, Schweine- oder Rindfleisch vor dem Grillen.
Die hierfür verwendeten Scotch-Bonnet-Chilis sind in der Karibik beheimatet und aufgrund ihres fruchtigen Aromas perfekt für die süßliche Marinade.
Man muss es allerdings wirklich sehr gern sehr scharf mögen, andernfalls kann man sich auch mit milderen Chilisorten herantasten.

Grüne Currypaste

FÜR CA. 200 G

2 TL Koriandersamen
1 TL schwarze Pfefferkörner
1 TL Kreuzkümmelsamen
1 TL Salz
1 TL gemahlene Kurkuma
4 grüne Chilischoten, entkernt und grob gehackt
5 Kaffirlimettenblätter
4 Knoblauchzehen, grob gehackt
2 Stängel Zitronengras (nur das Weiße), grob gehackt
2 EL Korianderstängel, grob gehackt
1 kleine Zwiebel, grob gehackt
1 Stück Galgant oder Ingwer (3 cm), grob gehackt
2 EL Erdnussöl + ggf. etwas extra

Alle Zutaten im Mörser oder im Mixer zu einer cremigen Paste verarbeiten. Nach Bedarf etwas Öl oder Wasser zugeben.

TIPP

Grüne Currypaste ist eine tolle Basis für thailändische Gerichte. Für ein einfaches grünes Thai-Curry mit Fisch 625 ml Kokosmilch mit 2 EL grüner Currypaste unter Rühren aufkochen. 4 Kaffirlimettenblätter, 1 TL Salz und 1 EL Fischsoße unterrühren. Die Hitze reduzieren und 500 g gewürfeltes Fischfilet einlegen. Ca. 15 Min. köcheln lassen. 1 gehackte grüne Chilischote und 2 EL fein gehacktes Thai-Basilikum zugeben, 5 Min. ziehen lassen und mit Basmatireis servieren.

Tomaten-Avocado-
Chili-Salsa

FÜR 4 PORTIONEN

1–2 rote Chilischoten
4 Frühlingszwiebeln, in 10 cm langen Stücken
600 g Kirschtomaten
1 Avocado, geschält, entkernt und fein gewürfelt
1 Bd. Koriander, fein gehackt
Saft von 1 Limette
1–2 EL Olivenöl
Salz
frisch gemahlener schwarzer Pfeffer

Eine Grillpfanne stark erhitzen. Die Chilischoten mit einem spitzen Messer mehrfach einstechen. Mit den Frühlingszwiebeln und Tomaten ca. 5 Min. scharf anrösten, dann aus der Pfanne nehmen und abkühlen lassen. Anschließend alles fein hacken. In einer Schüssel mit Avocado und Koriander vermengen. Mit Limettensaft, Olivenöl, Salz und Pfeffer pikant abschmecken.

TIPP

Chili-Salsa passt ganz klassisch zu Tortillachips und generell zu mexikanischem Essen, z. B. zu Quesadillas. Sie ist aber auch eine tolle Beilage zu gegrilltem Fisch oder Fleisch, zu gebackenen Kartoffelecken oder Ofengemüse. Geröstetes, mit Knoblauch eingeriebenes Weißbrot wird damit zu einer leckeren, rauchig-scharfen Vorspeise.

Süßsaure Chilisoße

FÜR CA. 200 ML

3 rote Chilischoten, entkernt und fein gehackt
250 ml Reisessig
2 TL Salz
180 g Rohrohrzucker
2 Knoblauchzehen, fein gehackt

Alle Zutaten in einen kleinen Topf geben, vermengen und aufkochen lassen. Dann die Hitze reduzieren und die Soße sanft köcheln lassen, bis sie auf die Hälfte eingekocht ist. Vor dem Servieren abkühlen lassen.

Harissa

Nordafrikanische Chilipaste

FÜR CA. 80 G

- 1 EL Kümmelsamen
- 1 EL Kreuzkümmelsamen
- 1 EL Koriandersamen
- 1–1½ TL Paprikapulver, edelsüß
- 4 rote Chilischoten (z. B. Dutch Red oder rote Jalapeños), entkernt und grob gehackt
- 3 Knoblauchzehen, grob gehackt
- 1 EL Tomatenmark
- 1 TL Salz
- 2 EL frisch gepresster Zitronensaft
- 1 EL Olivenöl + etwas mehr zum Aufbewahren

Kümmel-, Kreuzkümmel- und Koriandersamen in einer Pfanne ohne Fett rösten, bis es aromatisch duftet. Im Mörser fein zerstoßen. Mit den restlichen Zutaten in einen Mixer geben und cremig pürieren. Zum Aufbewahren füllt man die Würzpaste in ein sauberes Schraubglas und bedeckt sie fingerbreit mit Olivenöl. So hält sich die Harissa im Kühlschrank ca. 4 Wochen.

TIPP

Harissa wird sehr häufig in der nordafrikanischen und arabischen Küche verwendet, z. B. zum Würzen von Couscous.

Chili-Knusper-Trüffel

FÜR CA. 20 STÜCK

Für die Füllung
90 g Crème double
230 g Vollmilchschokolade, grob gehackt
4,5 cl Cointreau

Für den Krokant
Butter für das Backblech
90 g Rohrohrzucker
30 g Pekannusskerne, geröstet und grob gehackt
30 g Mandeln, geröstet und grob gehackt
1 getrocknete Chilischote, entkernt und sehr fein gehackt
½ TL gemahlener Zimt
½ TL gemahlener Kardamom

Für die Glasur
150 g Zartbitterschokolade (mind. 75 % Kakaoanteil), grob gehackt

Für die Füllung die Crème double bei geringer Hitze erwärmen. Vom Herd nehmen und die Vollmilchschokolade darin unter Rühren schmelzen. Vollständig abkühlen lassen. Den Cointreau einrühren und die Masse in einem verschlossenen Behälter mind. 3 Std. kalt stellen.

Für den Krokant ein Backpapier leicht buttern. In einem Topf 60 ml Wasser mit dem Zucker erhitzen und langsam zu Sirup einkochen. Die gerösteten Kerne, Mandeln, Chili und Gewürze gründlich unterrühren und die Masse auf dem Backpapier verteilen. Glatt streichen und vollständig abkühlen lassen. Den Krokant in sehr kleine Stückchen brechen.

Für die Glasur die dunkle Schokolade über einem heißen Wasserbad schmelzen. Aus der Füllung mit 2 Teelöffeln Kugeln formen und im Krokant wälzen, dann in die geschmolzene Schokolade tunken und trocknen lassen (evtl. auf einem Holzspieß), anschließend im Kühlschrank fest werden lassen.

Chili-Chai Latte

FÜR 2–4 PORTIONEN

5 Kardamomkapseln
4 Gewürznelken
2 Sternanise
1 getrocknete Chilischote
(z. B. Cayenne oder Vogelaugenchili)
½ Zimtstange
½ Vanilleschote, in kleinen Stücken
1 Stück Ingwer (2–3 cm), in Scheiben
250 ml Milch
2 EL Honig
1 EL kräftiger schwarzer Tee

Zum Anrichten
½ TL gemahlene Kurkuma

Kardamom und Nelken in einem Mörser grob zerstoßen, aber nicht zermahlen. Mit Sternanisen, Chili, Zimt, Vanille und Ingwer in einen Topf geben. 500 ml Wasser zugießen, aufkochen und bei niedriger Temperatur 10 Min. kochen lassen. Milch und Honig zugeben, aufkochen und vom Herd nehmen. Den Tee einrühren und 4 Min. ziehen lassen. Den Chai durch ein Sieb abseihen und nach Belieben aufschäumen. Auf 2 große oder 4 kleine Gläser verteilen und mit etwas Kurkuma bestreut servieren.

Rezeptübersicht